10 storie

Per bambin

Katrina Kahler

Simona Trapani

30 anni di esperienza nell'insegnamento elementare

Grazie per aver deciso di leggere questo libro al vostro bambino! In questo modo, gli permettete di iniziare al meglio il suo percorso educativo.

Queste storie trasmettono dei semplici messaggi, come: avere coraggio, dire la verità e provare a fare il proprio meglio.

Spero che piaceranno a voi e al vostro bambino.

Katrina

Indice dei contenuti

Gus, il pesce riconoscente

C'erano diversi animali domestici al negozio di animali. C'erano tutti i tipi di animali. Alcuni erano grandi, altri piccoli, alcuni pelosi, altri con le piume e altri ancora con le scaglie. Ma quando un giorno il piccolo Roby entrò nel negozio, ogni singolo animale lo fissò, pieno di speranza.

Erano tutti in attesa di qualcuno che diventasse il loro nuovo padrone. Ognuno di loro voleva una casa in cui vivere e un padrone che lo amasse. Così, ogni volta che qualcuno entrava nel negozio, gli animali trattenevano il respiro, sperando che quel qualcuno potesse diventare il padrone perfetto per loro. Sfoggiavano il loro sorriso più bello e cercavano di essere socievoli, nella speranza di essere scelti.

"Vorrei che una simpatica vecchina mi portasse a casa con sé," disse un gatto rosso di nome Felix. "Allora potrei accoccolarmi sulle sue gambe e dormire comodamente per tutto il giorno. Mi piacerebbe davvero tanto! "

"Vorrei che un bambino molto attivo mi portasse a casa con sé," disse un cane maculato di nome Darcy. "Così mi lancerebbe tutti i giorni bastoni e palline per andarli a riprendere. Mi piacerebbe davvero tanto!"

"Vorrei che una ragazzina affettuosa mi portasse a casa con sé," disse una simpatica topolina bianca di nome Milli. "Così potrei sedermi sulla sua spalla, mentre lei mi dà un po' di formaggio ogni giorno. Mi piacerebbe davvero tanto!"

"Ed io vorrei che una famiglia di musicisti mi portasse a casa," disse Casper, un bellissimo canarino giallo. "Allora potrei cantare per loro dalla mia bella gabbia dorata, dalla quale potrei entrare ed uscire ogni volta che voglio. Mi piacerebbe davvero tanto!"

"Beh, io vorrei soltanto un padrone gentile e premuroso," disse Gus, un pesce arcobaleno dai colori molto vivaci. "Allora potrei nuotare nel mio grande acquario ed avere molto cibo. Questo è quello che mi piacerebbe!"

Ed ognuno di loro fissò Roby pieno di speranza, perché la verità era che volevano solo andare a vivere in una bella casa ed avere un padrone che li amasse. A loro non importava se si trattasse di una vecchietta, di un bambino attivo, di una ragazzina affettuosa o di una famiglia di musicisti. Bastava semplicemente che il loro nuovo padrone fosse gentile e premuroso, e si sarebbero sentiti molto felici ed amati. Qualunque cosa era meglio che stare stretti stretti nel negozio di animali, chiusi in gabbie e recinti insieme a tutti gli altri animali.

Ogni giorno, c'erano persone che entravano nel negozio ed osservavano attentamente ognuno di loro, ma questi animali non erano mai stati abbastanza fortunati da trovare un padrone che li portasse a casa con sé.

Fino al giorno in cui Roby entrò nel negozio. "Quale animale vuoi, Roby?" gli chiese la sua mamma, mentre guardavano i recinti e le gabbie.

"Vuoi un bel gatto rosso?", gli chiese guardando Felix.

"No, ho già un gatto!", rispose. "Vorrebbe solo stare tutto il giorno a dormire sulle mie gambe, proprio come il gatto che ho già. Non mi piacerebbe!"

"Vuoi un cagnolino maculato?", gli chiese suo padre, guardando Darcy incuriosito.

"No, non voglio un cagnolino!", rispose. "Dovrei tirargli bastoni e palline ogni giorno. Non mi piacerebbe!"

"Che ne pensi di un simpatico topolino bianco?", gli chiese sua madre, guardando Milli.

"No, non voglio un topo!" affermò Roby. "Vorrebbe solo mangiare tutto il giorno. Non mi piacerebbe!"

Bene, che ne pensi di un bel canarino giallo?", gli chiese suo padre mentre Casper li osservava speranzoso.

"No, non voglio un canarino!", disse Roby furiosamente. "Starebbe solo a cantare tutto il giorno. Non mi piacerebbe!"

"Ho deciso", urlò, "Un pesce arcobaleno! Non ne ho uno. E un pesce è l'animale domestico perfetto! Posso guardarlo nuotare nel mio acquario e dargli da mangiare una volta al giorno. Penso che mi piacerebbe davvero molto!"

Gus fece un grande sorriso. Finalmente qualcuno aveva deciso di portarlo a casa. Oggi era il suo giorno fortunato. Il suo nuovo padroncino era felice di dargli da mangiare ogni giorno e di vederlo nuotare nel suo spazioso acquario. Il suo sogno era finalmente diventato realtà.

Gus salutò tutti i suoi amici. Avrebbe sentito la mancanza di tutti gli altri animali del negozio, ma era molto felice di andarsene. Finalmente avrebbe avuto una casa tutta sua.

Il commesso del negozio prese Gus con una retina e lo mise in una busta di plastica piena d'acqua, legata saldamente in cima. In questo modo, Roby poteva trasportarlo tranquillamente in macchina fino a casa. Tutto stava andando liscio. Gus era tranquillo dentro la busta che Roby teneva sulle gambe, con un sorriso raggiante che illuminava il suo volto mentre pensava alla sua nuova casa.

Ma poi successe qualcosa. Sembrava che Roby stesse iniziando ad annoiarsi, perché iniziò a scuotere furiosamente la busta su e giù. "Che sta facendo?", pensò Gus preoccupato, mentre veniva scosso avanti e indietro.

"Cosa c'è che non va in questo pesce?" gridò Roby. "Non si muove!" E agitò la busta ancora di più.

"Fa attenzione, Roby," disse la sua mamma dal sedile anteriore della macchina. "Sono sicuro che il pesce starà bene quando lo metterai nell'acquario a casa."

"Meglio così!» disse Roby, con uno sguardo insoddisfatto sul volto.

Gus iniziò a preoccuparsi. Sperava che Roby sarebbe stato felice con lui. Sperava che sarebbe stato gentile e premuroso e che gli avrebbe dato da mangiare tutti i giorni. E sperava che avrebbe avuto un bell'acquario grande dove nuotare.

Appena tornato a casa, Roby corse dentro, mise la busta con Gus sul tavolo della cucina e corse fuori a giocare con la bici nuova che suo padre gli aveva comprato quella mattina.

"Torna qui!" lo chiamò Gus. "Ti sei dimenticato di me! Non hai un bell'acquario grande dove mettermi per darmi da mangiare ogni giorno?", gridò.

Ma Roby si era allontanato e Gus era rimasto da solo sul tavolo della cucina, ancora nella busta di plastica del negozio di animali.

"Sono sicuro che tornerà presto!", pensò Gus speranzoso, mentre nuotava dentro la busta. "Devo solo essere paziente e aspettare. Allora potrò andare nel mio nuovo acquario spazioso e Roby mi darà da mangiare ogni giorno.

Proprio quando Gus stava per fare un pisolino, mentre aspettava che Robbie tornasse, balzò all'improvviso per lo spavento. Si spaventò così tanto che diede una botta con la testa sulla parte superiore della busta mentre nuotava.

Proprio accanto alla finestra aperta, un enorme gatto grigio e bianco dall'aspetto spaventoso lo stava fissando.

"Hmmm!" disse il gatto. "E tu da dove arrivi?" chiese, con un sorriso malizioso e lo sguardo affamato.

Gus fissò il gatto terrorizzato. "Oh no!" Pensò tra sé. "Per favore, non mangiarmi," gridò disperato. "Sono Gus, il nuovo pesciolino. Non puoi mangiarmi! Mi ha appena portato a casa dal negozio di animali!"

"Davvero?" disse il gatto dallo sguardo affamato. "Ma Roby non è qui adesso ed io ho tanto fame", affermò.

E proprio mentre Gus iniziava a pensare

che fosse arrivata la fine, Roby rientrò in casa. "Il mio pesce!", urlò afferrando la busta dal tavolo da pranzo e correndo per le scale fino alla sua stanza. "Mi ero quasi dimenticato di te!" disse, aprendo la busta e mettendo Gus nell'acquario.

Gus volteggiava, girava e rigirava mentre l'acqua lo faceva vorticare. Quando finalmente ritrovò l'equilibrio e fu in grado di guardarsi intorno, si rese conto di non essere da solo. Intorno a lui nuotavano una decina di pesci di forme, dimensioni e colori diversi, che lo fissavano minacciosamente.

Ma un istante dopo, tutti si affrettarono verso la cima dell'acquario, per mangiare i pezzetti di cibo che Roby aveva appena versato in acqua. A quell'ora, Gus aveva molta fame e cercava di afferrare alcuni pezzetti di cibo che galleggiavano vicino a lui.

Ma, purtroppo, non era abbastanza veloce. Uno snello portaspada arancione sfrecciò davanti a lui, divorando i pezzetti di cibo. Mentre Gus si guardava intorno speranzoso, osservò uno squalo arcobaleno dall'aspetto feroce mangiare l'ultima briciola di cibo.

Gus nuotò tutto triste verso un angolo dell'acquario, cercando di nascondersi tra alcuni lunghi fili di alghe. Aveva fame, era spaventato e sentiva la mancanza di tutti i suoi amici del negozio di animali. Questa non era la casa dove aveva sperato di andare e non sapeva cosa fare!

Gus rimase nascosto tra i fili di alghe per tutta la notte, sentendosi solo e triste.

In che situazione si era cacciato? Aveva pensato che Roby sarebbe stato gentile e premuroso. Aveva pensato che avrebbe avuto un acquario spazioso tutto per sé e tanto cibo da mangiare. Ma non era così. E i pesci di quell'acquario non sembravano affatto socievoli. Erano tutti dei bei pesci e lo fissavano in modo molto scortese. Lui era solo un pesce arcobaleno e pensava di non essere abbastanza bello per stare nel loro acquario.

Mentre Gus nuotava tranquillamente tra le alghe, cercando di restare nascosto e lontano dagli altri pesci, una bellissima pesciolina rossa passò nuotando accanto a lui.

"Ciao" disse, con voce amichevole. "Mi chiamo Gina. Tu come ti chiami?"

"Sono Gus," rispose timidamente. Non aveva mai visto una pesciolina così bella prima di allora e di certo non ci aveva mai parlato.

"Benvenuto nel nostro acquario!" continuò in modo gentile. "Non devi aver paura. Gli altri pesci sembrano scortesi all'inizio, ma non lo sono davvero. Cercano solo di tutelarsi, perché ci danno da mangiare solo una volta al giorno. E un altro pesce nell'acquario significa meno cibo per loro. "

"Capisco!" disse Gus triste. "Questo certamente non è quello che mi aspettavo."

"Ti ci abituerai", disse Gina. "Devi solo essere veloce quando è ora di cena, così riuscirai a mangiare qualcosa! Quando Roby verrà a darci da mangiare, ti aiuterò io ", continuò gentilmente.

Gus si sentì un po' sollevato. Almeno aveva trovato un'amica, ed era l'amica più bella che avesse mai avuto. E lei di certo sembrava gentile e premurosa. Così si convinse di dover essere riconoscente, almeno per questo.

Ogni sera, prima di andare a dormire, Roby versava un po' di cibo nell'acquario. A volte ne versava un po' di più, ma non spesso. A poco a poco Gus si abituò alla vita nella sua nuova casa. L'acquario era affollato, non c'era molto da mangiare, ma aveva trovato l'amica più simpatica, più gentile e più premurosa che avesse mai avuto. E di certo era anche la più bella.

Un giorno, successe qualcosa di davvero inaspettato. Arrivò a casa il cugino di Roby. Roby aveva molti amici che venivano a trovarlo, ma di solito erano rumorosi e urlavano e correvano per la sua cameretta senza badare ai pesci che nuotavano nell'acquario.

Tuttavia, il cugino di Roby era diverso. Si chiamava Alex, non gridava, non era rumoroso e non correva per la cameretta di Roby. Ma era molto interessato all'acquario di Roby.

"Mi piacciono i tuoi pesci, Roby!", disse guardandoli. "Ho sempre desiderato un acquario tutto mio. Sei così fortunato ad avere tanti bei pesci! "

"Puoi prenderne qualcuno, se vuoi!",

rispose Roby.

"Davvero?", chiese Alex. "Sei sicuro che posso prenderne qualcuno?"

"Sì!" rispose Roby. "Ce ne sono troppi, comunque. E papà mi ha detto che sarebbe una buona idea toglierne un paio, perché l'acquario è troppo affollato. Inoltre sono sempre affamati e mi stanco a dover sempre dar loro da mangiare! "

"Wow!", esclamò Alex. "Mi piacerebbe molto! E non mi dispiacerebbe dar da mangiare a tutti! "

"Abbiamo anche un acquario vuoto in garage", disse Roby. "Chiederò ai miei genitori se posso dartelo. Sarebbe una buona idea usare anche quello".

"Oh, questo è il mio giorno fortunato!", esclamò Alex. "Grazie, Roby!"

I pesci dell'acquario guardarono prima Alex e poi Roby. Tutti si chiedevano chi sarebbero stati i fortunati. E tutti speravano di essere scelti da Alex e di andare a vivere in un nuovo acquario non affollato e con tanto cibo.

"Puoi prendere tutti i pesci che vuoi, tranne gli squali arcobaleno", disse Roby. "Sono i miei preferiti, ma puoi sceglierne due tra tutti gli altri."

"Penso che mi piaccia quel bel pesce rosso", disse Alex. "E' così bello!"

Gus era terrorizzato. Alex avrebbe portato Gina lontano da lui? Non sapeva se sarebbe sopravvissuto nell'acquario senza di lei. Era sicuro che sarebbe morto di solitudine se Gina fosse andata via.

"E mi piace anche quel pesce con la pinna rossa", disse Alex. "E' così veloce!"

Alex afferrò la rete che si trovava sul tavolo e prese velocemente Gina, che cercava di nascondersi dietro a Gus in mezzo alle alghe. La mise con cura in una busta piena d'acqua che gli aveva dato Roby.

Gina nuotava freneticamente nella busta, guardando disperatamente Gus e sperando in un miracolo.

Alex ributtò la rete in acqua, per cercare di prendere il veloce pesciolino con la pinna rossa. Ma, dopo un paio di tentativi, non era ancora riuscito a prenderlo. "Dalla a me", disse Roby. "Fammi provare. Lo prendo io per te! " Ma il pesciolino era troppo veloce anche per Roby.

"Non importa", disse Alex, buttando la rete in acqua per l'ultima volta. "Ne prenderò un altro. Mi piacciono tutti i pesci e uno qualunque di loro andrà bene". Così, in un batter d'occhio, prima che Alex potesse prendere un altro dei pesci dell'acquario, Gus nuotò rapidamente nella rete. Alex lo tirò attentamente fuori dall'acqua e delicatamente mise Gus nella busta insieme a Gina.

Sorridendo timidamente, Gus nuotava accanto a lei e sventolava le sue pinne dai colori dell'arcobaleno, colmo di gioia e felicità.

Finalmente, avrebbe avuto la vita che aveva sempre sognato. Sarebbe andato a vivere in uno spazioso acquario, con tanto cibo, e avrebbe avuto un padroncino gentile e premuroso. Ma la cosa più bella di tutte era che la sua grande amica Gina sarebbe stata insieme a lui.

Gus era il pesce più riconoscente del pianeta.

Ora il suo sogno si era proprio avverato!

Tommy, la piccola tartaruga

Tommy era un piccola tartaruga. Viveva con la sua mamma, il suo papà e suo nonno. Tommy era molto amato da tutti. Era una tartaruga molto speciale. Aveva un guscio lucido e liscio, quattro zampette e il sorriso più grande che si fosse mai visto; soprattutto per una piccola tartaruga. Il suo sorriso era così grande che tutti sorridevano quando lo vedevano. Era una tartaruga così allegra che tutti si sentivano felici quando vedevano il suo enorme sorriso. E faceva subito venire a tutti voglia di sorridere.

C'era solo un problema. Tommy era molto, molto lento. Ora, sappiamo tutti che le tartarughe non sono molto veloci, ma Tommy era ancora più lento della tartaruga più lenta. Infatti, era probabilmente la tartaruga più lenta che fosse mai esistita!

Ma la sua mamma non si arrabbiava mai con lui, anche quando non riusciva a tenere il passo. Si limitava a dire: "Sbrigati, Tommy! Sbrigati o resterai indietro!". E Tommy cercava di andare più veloce.

A volte Tommy andava a fare una passeggiata con suo nonno. Anche suo nonno era molto lento, ma anche lui doveva dirgli "Sbrigati, Tommy! Sbrigati o resterai indietro!". E Tommy cercava di andare più veloce. Ma, poiché Tommy era una tartaruga molto allegra, suo nonno non si arrabbiava mai con lui, anche quando non riusciva a tenere il passo. Così si sedeva ad aspettare che Tommy lo raggiungesse.

A volte, il padre di Tommy lo portava al parco giochi. Ma Tommy camminava così lentamente che ci voleva molto tempo per arrivarci. Eppure, poiché Tommy era una tartaruga molto allegra, suo padre non si arrabbiava mai con lui, anche quando non riusciva a tenere il passo. Invece, si limitava a dire "Sbrigati, Tommy! Sbrigati o resterai indietro!"

Anche se Tommy si impegnava molto ad andare più veloce, i suoi sforzi erano inutili. Proprio non ci riusciva. Era la tartaruga più lenta che fosse mai esistita.

Un giorno, mentre Tommy era fuori con la sua famiglia, decisero di andare a fare una passeggiata nel bosco. Non erano mai stati in quella parte del bosco prima, ma avevano sentito dire che c'era una bella pozza in cui nuotare. E pensavano che a

Tommy sarebbe piaciuto molto nuotarci.

Sapendo tutti che Tommy era molto lento, decisero di partire molto presto. La strada era lunga e volevano arrivare per l'ora di pranzo. Così, presero con loro un cestino da picnic con dentro tutti i cibi preferiti di Tommy. Tommy era molto entusiasta. La mamma e il papà di Tommy erano entusiasti. Anche il nonno di Tommy era entusiasta. E sarebbe stato molto divertente.

Dopo aver camminato per tanto tempo, finalmente arrivarono nel bosco. Tommy era davvero felice. Poteva osservare degli splendidi fiori, delle belle farfalle e dei bellissimi uccellini. Infatti, c'erano così tante belle cose da ammirare ovunque guardasse che era molto difficile concentrarsi su dove stesse andando.

All'improvviso, vide una bella farfalla blu e decise di seguirla. E continuava a non guardare dove stesse andando, essendo troppo occupato a seguire quella bella farfalla blu. Poi, improvvisamente, la farfalla scomparve. "Dov'è finita quella bella farfalla blu?”, pensò tra sé e sé. Ma non riusciva a vederla da nessuna parte.

Guardandosi intorno, Tommy pensò subito alla mamma, al papà e al nonno. Guardò dietro di sé cercando di trovarli. Ma non c'erano. Guardò davanti a sé cercando di trovarli. Ma non c'erano. Guardò a destra e a sinistra cercando di trovarli. Ma non c'erano.

"Dove è la mia famiglia?", pensò tra sé e sé. Chiamò la sua mamma. Chiamò il suo papà. Chiamò suo nonno. Ma nessuno rispondeva. Tommy iniziò a preoccuparsi.

"Hai visto la mia famiglia?", chiese ad un farfalla dai colori dell'arcobaleno, che si era posata sul suo naso. "No, non l'ho vista", rispose la farfalla.

"Hai visto la mia famiglia?", chiese ad un bellissimo uccellino rosso che si era posato ai suoi piedi. "No, non l'ho vista", rispose l'uccellino.

"Hai visto la mia famiglia?", chiese ad un coniglietto grigio che saltellava lì vicino. "No, non l'ho vista", rispose il coniglietto fermandosi accanto a lui.

"Penso di essermi perso!", disse Tommy alla farfalla, all'uccellino e al coniglietto. "Ho bisogno di trovare la mia famiglia!", disse piangendo.

"Ti aiuto io", disse la farfalla dai colori dell'arcobaleno.

"Ti aiuto io", disse l'uccellino rosso.

"Ti aiuto io", disse il coniglietto grigio.

"Grazie!", disse Tommy, facendo il suo più grande sorriso, che andava da una parte all'altra del suo viso. Quando i nuovi amici di Tommy video il suo grande sorriso, sorrisero anche loro. "Sì, certo, ti aiutiamo noi!", gridarono tutti in coro.

Così si diressero lungo il sentiero nel bosco, alla ricerca della famiglia di Tommy.

"Sbrigati, Tommy", disse la farfalla dai colori dell'arcobaleno. Sbrigati o resterai indietro!"

"Sbrigati, Tommy," disse l'uccellino rosso, "Sbrigati o resterai indietro!"

"Sbrigati, Tommy," disse il coniglietto grigio, "Sbrigati o resterai indietro!"

"Sto cercando di sbrigarmi", disse Tommy con un grande sorriso sul suo volto, mentre cercava di fare del suo meglio per andare un po' più veloce. Poiché Tommy era una tartarughina molto allegra, i suoi amici erano molto pazienti con lui e cercavano di prendere tempo. "Non preoccuparti, Tommy!" dissero tutti. "Ti aiutiamo noi a trovare la tua famiglia!"

Tommy era stato molto fortunato perché i suoi amici conoscevano la strada verso la pozza d'acqua e riuscirono a riportarlo nella giusta direzione. Ci volle molto tempo, perché Tommy era molto lento, ma alla fine ci arrivarono.

La famiglia di Tommy stava seduta vicino alla pozza d'acqua in attesa che lui arrivasse.

"Eccoti, Tommy!" esclamò la mamma.

"Eccoti, Tommy!" esclamò il papà.

"Eccoti, Tommy!" esclamò il nonno.

"Pensavamo che non saresti mai arrivato qui!", gridarono tutti insieme.

E Tommy fece il suo più grande sorriso. Era così felice di rivedere la sua famiglia!

La famiglia di Tommy gli sorrise.

La farfalla dai colori dell'arcobaleno gli sorrise.

L'uccellino rosso gli sorrise.

Ed anche il coniglietto grigio gli sorrise.

Erano tutti molto felici.

Tommy e la sua famiglia fecero una bella nuotata nella splendida pozza d'acqua, mentre i nuovi amici di Tommy stavano seduti a guardarli. Poi Tommy e la sua famiglia decisero che era ora di tornare a casa.

"E' stato uno dei giorni più belli della mia vita ", disse Tommy alla sua famiglia. "Possiamo tornare domani?"

"Forse non domani", disse la mamma di Tommy.

"Forse un giorno della settimana prossima", disse il papà di Tommy.

"O forse la settimana dopo", disse il nonno di Tommy.

"Per favore, tornate presto!", dissero i nuovi amici di Tommy.

"Lo faremo!", disse Tommy salutandoli. "Grazie per avermi aiutato oggi!", gridò. "Torneremo presto, ve lo prometto."

Tommy fece il suo più grande sorriso e si diresse verso casa con la sua famiglia.

Il dinosauro solitario

C'era una volta un dinosauro di nome Danny. Danny non era un dinosauro come tutti gli altri. Aveva degli occhi molto grandi, un collo lunghissimo e una coda molto lunga, con la punta un po' ricurva. Ma Danny era speciale, soprattutto perché era sempre molto molto gentile ed amichevole.

C'era solo un problema. Danny era un dinosauro solitario! Ora, potreste pensare che, essendo così gentile e cordiale, avesse un sacco di amici con cui giocare, ma non era così. Anche se Danny cercava di essere sempre gentile ed amichevole, non aveva ancora trovato nessuno con cui giocare.

Così un giorno, decise di andare a fare una lunga passeggiata per cercare degli amici con cui giocare.

Prima di tutto, vide una tigre seduta su un tronco. Danny pensò che la tigre avesse un aspetto amichevole, così le chiese: "Posso giocare con te?"

"No, non puoi giocare con me!" disse la

tigre seduta sul tronco. "Sei troppo alto!"

Così Danny continuò a camminare, finché non incontrò un cane bianco e marrone con le zampe bianche. "Posso giocare con te?", chiese al cane bianco e marrone con le zampe bianche.

"No, non puoi giocare con me", rispose il cane. "La tua coda è troppo lunga e io sono troppo occupato ad andare sul mio skateboard."

Così Danny continuò a camminare, finché non incontrò un leone giallo con la criniera dorata. "Posso giocare con te?" , chiese Danny al leone giallo con la criniera dorata.

"No, non puoi giocare con me!" rispose il leone giallo. "I tuoi occhi sono troppo grandi e sto già giocando con la mia amica zebra."

Così Danny continuò a camminare, finché non incontrò un maialino rosa e grassottello.

"Posso giocare con te?", chiese al maialino rosa e grassottello.

"No, non puoi giocare con me", rispose il

maialino. "Il tuo collo è troppo lungo! E poi, sono occupato a dormire!"

Danny si fermò e si sedette. Fece un profondo sospiro. Si sentiva più solo che mai. Sembrava che tutti avessero un amico, tranne lui, ed era molto triste.

"Perché nessuno vuole giocare con me?", si chiese tristemente. "Cerco di essere amichevole, simpatico e gentile, ma nessuno vuole giocare con me."

"Forse perché ho un aspetto molto diverso da tutti gli altri animali", pensò. "Sono troppo alto. Il mio collo e la mia coda sono troppo lunghi. Devo avere un aspetto molto strano, perché nessuno vuole giocare con me e nessuno vuole essere mio amico."

Il dinosauro Danny si mise a piangere. Non sapeva proprio cosa fare.

Dopo un po', si alzò e decise di continuare a camminare. Sapeva di non poter rinunciare! Era sicuro che da qualche parte sarebbe riuscito a trovare un amico con cui giocare.

Ma ben presto il sole iniziò a tramontare ed il cielo cominciò a diventare scuro.

Danny si spaventò. Non era abituato a stare fuori da solo di notte. Sapeva che in realtà avrebbe dovuto tornare a casa, perché i suoi genitori si sarebbero preoccupati molto per lui. Però, era deciso a non tornare indietro fino a quando non avesse trovato un amico.

"Uh, uh!" fece un gufo, seduto sul ramo di un albero, guardando Danny. "Chi sei e da dove vieni?", chiese il gufo.

"Sto cercando di trovare un amico con cui giocare", spiegò Danny.

"Perché non hai amici?", chiese il gufo a Danny.

"Perché sono troppo alto, il mio collo e la mia coda sono troppo lunghi e i miei occhi sono troppo grandi", rispose Danny. "Nessuno vuole essere mio amico, perché ho un aspetto troppo strano!", continuò tristemente. "E nessuno vuole giocare con me."

"Non credo che i tuoi occhi siano troppo grandi!", disse il gufo.

"Davvero?", chiese Danny, sorpreso.

"Davvero", rispose il gufo. "Guarda i miei occhi; sono molto più grandi dei tuoi."

All'improvviso, passò di lì una giraffa. "Chi sei e da dove vieni?", chiese la giraffa, incuriosita.

"Sto cercando di trovare un amico con cui giocare", spiegò Danny.

"Perché non hai amici?", chiese la giraffa a Danny.

"Perché sono troppo alto, il mio collo e la mia coda sono troppo lunghi e i miei occhi sono troppo grandi", rispose Danny. "Nessuno vuole essere mio amico, perché ho un aspetto troppo strano!", disse sospirando. "E nessuno vuole giocare con me."

"Io non credo che tu sia troppo alto o che il tuo collo sia troppo lungo!", disse la giraffa.

"Davvero?", chiese Danny, sorpreso.

"Davvero", rispose la giraffa. "Guarda quanto sono alta io; sono molto più alta di te. E anche il mio collo è molto più lungo del tuo!"

Improvvisamente, un canguro attraversò la prateria saltellando. "Chi sei e da dove vieni?", chiese il canguro, incuriosito.

"Sto cercando di trovare un amico con cui giocare", spiegò Danny.

"Perché non hai amici?", chiese il canguro a Danny.

"Perché sono troppo alto, il mio collo e la mia coda sono troppo lunghi e i miei occhi sono troppo grandi", rispose Danny. "Nessuno vuole essere mio amico, perché ho un aspetto troppo strano!", spiegò tristemente. "E nessuno vuole giocare con me."

"Non credo che la tua coda sia troppo lunga!", disse il canguro.

"Davvero?", chiese Danny, sorpreso.

"Davvero", rispose il canguro. "Guarda com'è lunga la mia coda. E' molto più lunga della tua!"

Poi, proprio quando Danny stava per sedersi a riflettere su quello che gli avevano detto gli altri animali, arrivò un enorme elefante grigio.

"Chi sei e da dove vieni?", chiese l'elefante, incuriosito.

"Sto cercando di trovare un amico con cui giocare", spiegò Danny.

"Perché non hai amici?", chiese l'elefante a Danny.

"Perché sono troppo alto, il mio collo e la mia coda sono troppo lunghi e i miei occhi sono troppo grandi", rispose

Danny. "Nessuno vuole essere mio amico, perché ho un aspetto troppo strano!", spiegò tristemente. "E nessuno vuole giocare con me."

"Io non credo che tu sia troppo alto, o che il tuo collo e la tua coda siano troppo lunghi o che i tuoi occhi siano troppo grandi!", disse l'elefante. "In realtà, non penso affatto che tu sia strano!"

"Davvero?", chiese Danny, pieno di speranza.

"Davvero", rispose l'elefante. "Guarda come sono grandi i miei occhi! E guarda come sono grandi le mie orecchie! E guarda com'è lunga la mia proboscide!", disse. "E io ho un sacco di amici!"

"Davvero?", chiese Danny. "Sei così fortunato! Mi piacerebbe avere un sacco di amici."

"Io sarò tuo amico!", disse l'elefante.

"Io sarò tuo amico!", disse il canguro.

"Io sarò tuo amica!", disse la giraffa.

"Io sarò tuo amico!", disse il gufo

"Davvero?", chiese Danny. "Volete davvero essere miei amici?"

"Sì", risposero tutti in coro. "Sembri molto amichevole e gentile. Ci piacerebbe essere tuoi amici. "

Danny era scioccato. Volevano davvero essere suoi amici. Non sapeva cosa dire.

Si sedette accanto ai suoi nuovi amici, felice e sorridente. Si sentiva felice come non era mai stato prima. Finalmente, aveva trovato degli animali che non pensavano che fosse strano. A loro non importava che fosse troppo alto, o che il suo collo e la sua coda fossero troppo lunghi o che i suoi occhi fossero troppo grandi. In realtà, a loro non importava affatto del suo aspetto. Aveva cercato tanto e finalmente aveva trovato alcuni amici che lo apprezzavano così com'era. Le uniche cose che sembravano importare loro erano la sua gentilezza e la sua amichevolezza .

"Ecco, questo è il modo per fare amicizia," pensò Danny . "Se si è cordiali e gentili, penso che si possano avere un sacco di amici. Bisogna solo cercare quelli giusti. Quelli che ti vogliono bene così come sei! "

Così, da quel giorno in poi, Danny non fu più un dinosauro solitario.

Il capitano Gamba di Legno e il pirata Pinguino Timido

Il capitano Gamba di Legno era un pirata. Aveva la barba rossa tutta arruffata, un uncino al posto di una mano, una sciabola d'argento lucida e tagliente e una gamba di legno.

I pirati sono spesso cattivi e crudeli, ma il capitano Gamba di Legno era uno dei più cattivi e crudeli. Infatti, era così cattivo e crudele che tutti gli altri pirati cercavano di stare lontano da lui.

Ma il capitano Gamba di Legno non era stato sempre così cattivo. Una volta, tanti anni fa, aveva navigato per i sette mari alla ricerca di un tesoro sepolto, e si era imbattuto in un enorme e ferocissimo coccodrillo. Quel coccodrillo faceva la guardia al luogo in cui era nascosto il tesoro.

Il capitano Gamba di Legno sapeva che il tesoro era stato sepolto lì, perché aveva una mappa del tesoro. Ed era determinato ad appropriarsi di quel tesoro. L'aveva cercato per tantissimi anni e finalmente aveva scoperto il suo nascondiglio. Era stato sepolto al centro di un'isolotto, nel bel mezzo di una palude molto fangosa.

Ma ogni giorno e ogni notte, quell'enorme e ferocissimo coccodrillo nuotava intorno alla palude, con gli occhi che affioravano appena sulla superficie dell'acqua fangosa, per assicurarsi che il tesoro rimanesse al sicuro.

Quando il capitano Gamba di Legno si rese conto che il coccodrillo sarebbe stato un problema, elaborò un piano.

Decise di attendere che si facesse buio e poi, con la sua barchetta a remi, avrebbe remato tranquillamente fino all'isolotto al centro della palude per prendere il tesoro sepolto.

Tutto stava andando liscio e il capitano Gamba di Legno era sicuro che presto il tesoro sarebbe stato suo. Ma aveva sottovalutato l'enorme e feroce coccodrillo, che lo guardava di nascosto dalle profonde acque fangose.

E, con un possente colpo di coda, il coccodrillo sbalzò in aria la barchetta a remi e il capitano Gamba di Legno cadde nella palude.

Doveva nuotare molto rapidamente per tornare alla sua nave pirata, ma era estremamente difficile con un uncino al posto della mano e una gamba di legno. Aveva perso la mano e la gamba in un incidente molti anni prima e di certo non voleva perdere anche l'altra mano e l'altra gamba; o, peggio ancora, essere mangiato dal coccodrillo.

Ma forse il coccodrillo non aveva fame, o forse l'acqua era troppo fangosa. O forse voleva solo spaventare il capitano Gamba di Legno per tenerlo lontano dall'isola e dal tesoro nascosto. Così, il capitano Gamba di Legno riuscì a tornare alla sua nave pirata.

Ora, avrebbe dovuto essere molto grato per questo, ma per il capitano Gamba di Legno era stata l'ultima goccia.

Era stanco di avere un uncino al posto della mano. Era stanco di avere una gamba di legno. Ed era stanco di non essere riuscito a trovare il tesoro sepolto.

Ciò lo rattristava molto. Infatti, lo rattristava così tanto che diventò più cattivo che mai. E cominciò a fare il prepotente con tutti gli altri pirati.

"Al lavoro!", diceva con aria burbera ai pirati della nave.

"Io sono il capitano di questa nave e dovete fare quello che vi dico!" urlava ogni giorno.

Ora, alcuni degli altri pirati erano cattivi e crudeli, mentre altri non lo erano. Ma, nonostante tutto, tutti si precipitavano a fare tutto ciò che il capitano Gamba di Legno diceva loro di fare, perché era davvero prepotente.

Anche il suo pappagallo aveva paura di lui!

"Strofinate i ponti!", urlava il capitano Gamba di Legno a tutti i pirati.

"Legate le cime!", gridava. "E riparate quell'asse di legno o vi ritroverete nella palude fangosa con il coccodrillo!"

Ogni giorno dava loro degli ordini e ogni giorno diventava sempre più cattivo, crudele e prepotente.

Ma, un giorno, il capitano Gamba di Legno decise di tornare indietro, perché aveva rinunciato a superare l'ostacolo dell'enorme e feroce coccodrillo che custodiva il tesoro sepolto.

Aveva deciso che era ora di tornare a terra e di trovare nuovi pirati per la sua nave. Era stanco dei pirati della sua nave e voleva dei nuovi pirati con cui fare il prepotente.

Il capitano Gamba di Legno scoprì che c'erano molti pirati tra cui scegliere, ed erano tutti alla ricerca di una nuova nave e di un nuovo capitano. Naturalmente, non sapevano che il capitano Gamba di Legno fosse un prepotente e speravano tutti di essere scelti.

C'erano anche altri pirati con un uncino al posto della mano o con una gamba di legno. Sembra che sia così per molti pirati.

Tra i pirati scelti, c'era un pinguino di nome Paul. Era un pirata molto timido e il capitano Gamba di Legno pensava che sarebbe stato molto facile fare il prepotente con lui.

"Strofinate i ponti!", urlò il capitano Gamba di Legno non appena la nave salpò.

"Legate le cime!", gridò a al pinguino Paul e a tutti gli altri pirati a bordo. "Riparate l'asse di legno o cadrete in mare!"

Ogni giorno dava loro degli ordini e ogni giorno diventava sempre più cattivo, crudele e prepotente.

I pirati erano tutti molto tristi e turbati. Anche i pirati cattivi iniziavano a preoccuparsi. A loro non piaceva subire la prepotenza del capitano Gamba di Legno, ma non sapevano cosa fare.

Poi, un giorno, accadde qualcosa che sorprese tutti i pirati a bordo della nave.

In realtà, il più sorpreso fu proprio il capitano Gamba di Legno!

Il pinguino Paul aveva deciso di ribellarsi al Capitano Gamba di Legno. Ne aveva abbastanza della sua prepotenza e non poteva più sopportarlo. Sapeva che qualcuno doveva fare qualcosa o tutti loro avrebbero continuato a soffrire. E, anche se alcuni dei pirati a bordo della nave erano piuttosto cattivi, nessuno aveva il coraggio di opporsi al capitano Gamba di Legno.

Il pinguino Paul fece un respiro profondo e si gonfiò il petto. Cercò di fare del suo meglio per avere un aspetto sicuro di sé e coraggioso e andò dritto dal capitano Gamba di Legno.

"Capitano Gamba di Legno", disse, "Gli altri pirati ed io siamo stanchi del modo in cui ci parla e della sua prepotenza. Non ci piace e vogliamo che la smetta!" Con il tono di voce più risoluto che potesse avere, anche se stava tremando di paura, fece in modo che il capitano Gamba di Legno non se ne accorgesse.

"Ah!", disse il capitano. "Chi ti credi di essere, parlandomi in questo modo?" domandò.

Il capitano Gamba di Legno borbottò sorpreso. Nessuno gli aveva mai parlato in quel modo. Nessuno si era mai ribellato a lui. E non sapeva cosa fare.

Quel piccolo pinguino timido sembrava essere molto sicuro di sé e il capitano Gamba di Legno capì che non voleva più essere maltrattato.

Guardò Paul pensieroso e disse: "Sei molto coraggioso a parlarmi in questo modo e io ti rispetto per la tua forza e per essere riuscito ad opporti a me. Non farò più il prepotente con voi!

Tutti gli altri pirati a bordo della nave iniziarono ad esultare. "Urrà per Paul!", gridavano. "Urrà per Paul, il pinguino pirata!"

E da quel giorno in poi, successe una cosa molto strana. Il capitano Gamba di Legno smise di essere cattivo e crudele con gli altri pirati. Improvvisamente, smise di essere prepotente.

E tutto ciò grazie ad un piccolo e timido pinguino pirata, che era diventato coraggioso e sicuro di sé. Ribellandosi a quel prepotente, Paul aveva risolto il problema. E lui e gli altri pirati non furono più oppressi da nessuno!

La gara delle renne

Rex era una piccola renna che viveva al Polo Nord con la sua famiglia. Fin da quando era nata, Rex era sempre stata piccola. Era la renna più piccola che si fosse mai vista. Ma la sua mamma le diceva sempre, "Sei piccola, ma sei molto, molto speciale. Sei la renna più speciale di tutte! "

All'inizio, a Rex non dispiaceva essere così piccola. Sapeva che i suoi genitori la amavano. Sapeva che tutti i suoi fratelli e le sue sorelle la amavano e sapeva di essere molto fortunata ad avere una famiglia così meravigliosa.

C'erano anche molte altre giovani renne nel bosco con cui Rex poteva giocare. E ogni giorno, non appena sveglie e dopo aver fatto colazione, andavano fuori a giocare. Il loro gioco preferito era rincorrersi in mezzo alla neve fino alla casa di Babbo Natale, per poi tornare nel bosco dove vivevano. Ogni giorno facevano questo gioco e ogni giorno Rex era sicura che stesse diventando più veloce.

Il problema di Rex era che, essendo così piccola, faceva sempre fatica a star dietro alle altre renne. E, anche se provava a farlo in tutti i modi, sembrava non essere mai in grado di vincere le gare di corsa. "Certo, sei troppo piccola!", la prendevano in giro le altre renne. "Non riuscirai mai a batterci, Rex! Sei troppo piccola! "

A Rex non importava di non vincere mai, perché si divertiva molto a correre insieme alle sue amiche. Ciò che la preoccupava di più era che Babbo Natale presto avrebbe scelto le renne più veloci per trainare la sua slitta. E Rex sapeva che, se non fosse riuscita a correre veloce, Babbo Natale non l'avrebbe scelta.

Ogni giorno, le renne correvano e ogni giorno Rex provava con tutte le sue forze a stare al passo con le altre. Era così determinata a diventare più veloce che decise che non avrebbe mai smesso di provarci.

"Povera, piccola Rex", sussurrava la sua mamma alle altre mamme che guardavano le gare. "Vuole davvero diventare più veloce, ma è molto difficile perché è più piccola di tutte le altre renne! Vorrei aiutarla, "sospirava.

Le altre mamme erano impietosite. Sapete, Rex piaceva a tutti perché era una renna molto allegra ed amichevole e tutti pensavano che si meritasse un posto nella squadra di Babbo Natale. Tuttavia, si rendevano tutti conto che sarebbe stato molto difficile per lei.

Ma Rex aveva deciso che non avrebbe rinunciato. Così ogni giorno si allenava a correre. Si svegliava molto presto e andava nel bosco prima che tutti gli altri fossero svegli. E si allenava e si allenava. Correva alla casa di Babbo Natale e di nuovo nel bosco tante volte prima di fare colazione e poi di nuovo tante volte prima di cena. Aveva deciso che, allenandosi senza mollare, sarebbe sicuramente migliorata.

Rex si allenava ogni giorno ed ogni giorno le altre renne la prendevano in giro. "Rex!", le dicevano. "Perché ti affanni? Non puoi semplicemente rinunciare? " Tutte le renne ridevano e sghignazzavano passandole davanti di corsa.

Ma Rex le ignorava. Era decisa a fare del suo meglio e a continuare a provare.

Poi, un giorno, Babbo Natale arrivò nel bosco. Finalmente, era arrivato il giorno che tutte le renne aspettavano da tanto tempo. "Ho bisogno di trovare una nuova renna per trainare la mia slitta quest'anno", disse Babbo Natale.

"Una delle mie renne sta diventando troppo vecchia e debole, così ho bisogno di una nuova renna per sostituirla."

"Tutte le giovani renne ascoltavano attentamente le parole di Babbo Natale. Fin da quando erano nate, ammiravano le renne che trainavano la slitta di Babbo Natale nel periodo natalizio. E ogni notte di Natale, con le loro famiglie, andavano ad ammirare la slitta piena di regali per tutti i bambini buoni. Era molto emozionante guardare le renne volare nel cielo notturno mentre Babbo Natale gridava: "Oh! Oh! Oh! Buon Natale!"

Le renne che trainano la slitta sono le

aiutanti speciali di Babbo Natale e hanno un compito molto importante da svolgere. Senza di loro, Babbo Natale non riuscirebbe mai a consegnare tutti i regali e il Natale non esisterebbe.

"Rudolph mi aiuterà a scegliere una nuova renna per la mia squadra!" , continuò Babbo Natale. "Abbiamo deciso di organizzare una gara speciale per vedere qual è la renna più veloce. Ma stiamo cercando anche altre qualità", continuò a spiegare Babbo Natale.

"Vedete, far parte della mia squadra è un onore e abbiamo bisogno di una nuova renna che sia affidabile e lavori sodo e velocemente. Osserveremo tutte voi in modo da poter fare la scelta giusta!"

Rudolph spiegò i dettagli della gara a tutte le giovani renne. Sarebbe stata una lunga gara e le renne avrebbero dovuto ascoltare molte istruzioni.

"Non sarà un problema per me!", disse sprezzante Reggie, la renna più veloce di tutte, pavoneggiandosi davanti a Rex.

"Ovviamente, Rex, tu non hai intenzione di perdere tempo a provarci, vero? Che speranze avresti?"

Rex decise di ignorare il commento scortese di Reggie e di concentrarsi ad ascoltare le istruzioni di Rudolph, perché sapeva che erano molto importanti.

La gara si sarebbe tenuta il giorno dopo e tutto il bosco era in fermento per l'emozione. Ne parlavano tutti nel bosco e molte renne avevano già deciso che avrebbero vinto la gara.

Rex non disse nulla. Tornò tranquillamente a casa, pensando alla gara e decidendo di alzarsi di buon'ora al mattino per essere già pronta.

Il giorno successivo, tutte le giovani renne

aspettavano impazienti sulla linea di partenza. La pista si inoltrava nel bosco e tutte le renne sapevano che le aspettava una lunga corsa.

Rudolph gridò "Pronti, partenza, via!" e tutte le renne partirono in un lampo. Una nuvola bianca si formò dietro i loro zoccoli ma, quando finalmente sparì, tutti gli spettatori poterono vedere le code delle renne mentre sparivano nel fitto della foresta.

Ma poi uno degli spettatori urlò "Guardate, è Rex! E' ancora sulla pista aperta. E' *molto* indietro rispetto a tutte le altre!"

Mentre Rex correva, tutto ciò che vedeva davanti a sé era il polverone bianco lasciato dalle altre renne che correvano davanti a lei. Ma Rex continuava a correre.

Attraversò la pista ed entrò nel bosco seguendo tutte le altre renne, precedute da Reggie. Tutte le renne continuavano a correre, sui fiumi ghiacciati e nel fitto dei boschi, continuando a seguire la pista.

Poi, all'improvviso, Reggie si trovò davanti ad un bivio. Si fermò e si guardò alle spalle. Era riuscita a superare le altre ed era ormai sicura che avrebbe vinto. Ma non sapeva che strada prendere. Cercò di ricordarsi ciò che Rudolph aveva spiegato loro il giorno prima. Sapeva di non aver ascoltato con attenzione ed ora non era sicura di sapere quale fosse la pista giusta.

Riusciva a sentire gli zoccoli delle altre renne che scalpitavano alle sue spalle, e sapeva di dover agire in fretta se voleva rimanere in testa. Quindi, senza pensare, decise di seguire la pista di sinistra.

Sicura di aver fatto la scelta giusta, continuò a correre, sollevando un polverone. Le altre renne non erano molto lontane, così videro quel polverone sollevarsi tra gli alberi lungo la pista che dovevano percorrere. Quindi, senza alcuna esitazione, girarono a sinistra seguendo il percorso che aveva scelto Reggie. Dopo tutto, era la renna più veloce di tutte e, se aveva scelto quella pista, allora doveva essere quella giusta.

Tutte le renne attraversarono quella pista, su fiumi ghiacciati e nel bosco più fitto. E continuarono a correre.

Nel frattempo Rex, che aveva continuato a correre alla sua velocità, arrivò al bivio. Si fermò a decidere che pista scegliere. Ma poi si ricordò le istruzioni di Rudolph. "Quando arrivate al bivio, assicuratevi di prendere la pista sulla destra. Arriverete dritte al traguardo", aveva spiegato a tutte le renne.

Avendo ascoltato con attenzione, Rex ricordava le parole di Rudolph e, senza alcuna esitazione, prese la pista sulla destra.

Rex continuò a correre il più velocemente possibile, per quanto le permettevano le sue zampe. Continuò a correre finché non vide davanti a sé la linea del traguardo. Ma, con sua grande sorpresa, non riusciva a vedere nessuna delle altre renne e si chiese se fosse stata l'ultima ad arrivare.

Eppure continuò a correre fino al traguardo, vedendo Babbo Natale, Rudolph e tutti gli spettatori che facevano il tifo per lei. "Corri, Rex! Corri!", urlavano tutti.

"Stavano davvero dicendo il il suo nome?", si chiedeva mentre correva senza sosta, correndo con le sue zampette il più velocemente possibile.

Quando attraversò il traguardo senza vedere nessuna delle altre renne, non riusciva a crederci, e Babbo Natale e Rudolph le si avvicinarono con il volto sorridente.

Poi, all'improvviso, dal nulla, si sentì un forte fragore. Tutti si voltarono di scatto per guardare la pista e videro un polverone bianco e una mandria di renne in corsa verso il traguardo. Mentre si avvicinavano alla velocità della luce con Reggie in testa, gli spettatori si spostavano rapidamente dal loro percorso.

Avanzando con orgoglio verso Babbo Natale e Rudolph, estremamente sicura di aver vinto, Reggie esclamò fieramente a tutti i presenti "Sapevo che avrei vinto!"

Ma Babbo Natale e Rudolph le passarono davanti, dirigendosi verso la folla di spettatori raccolti intorno a Rex.

"Congratulazioni, Rex!", esclamò Babbo Natale. "Hai vinto la gara!"

"Ma io sono la renna più veloce e sono arrivata qui per prima!", balbettò Reggie, estremamente sorpresa alla vista di Rex in piedi tra la folla.

"No, non è vero!", spiegò Babbo Natale. "E non solo Rex è la vincitrice della gara, ma è anche una renna che ascolta con attenzione ciò che le viene detto e che lavora sodo. È una piccola renna che cerca di fare sempre il suo meglio senza mai arrendersi! Questo è il tipo di renna che voglio nella mia squadra!"

E mentre Reggie era lì immobile, stravolta dallo shock, Rex era orgogliosa e fiera. Sua madre le aveva sempre detto che era una renna molto speciale e adesso l'aveva dimostrato. Si era guadagnata il suo posto nella squadra di Babbo Natale.

"Chi va piano va sano e va lontano," pensò Rex, con un enorme sorriso radioso che le illuminava il volto.

E in quel momento si sentì la renna più fiera che fosse mai esistita!

Sei la mia mamma?

Un giorno, un soffice e piccolo pulcino giallo iniziò a beccare il duro guscio del suo uovo e si ritrovò per la prima volta nel mondo esterno.

Mentre si guardava intorno, incuriosito da un ambiente a lui ignoto, il primo animale che notò fu un grosso grasso maiale, tutto rosa e rotondo.

"Grunf, grunf!", disse il grosso grasso maiale, tutto rosa e rotondo.

"Sei la mia mamma?", chiese il soffice e piccolo pulcino giallo.

"Grunf, grunf!", ripeté il grosso grasso maiale tutto rosa e rotondo. "No, non sono la tua mamma. Sono un maiale!"

"Devo trovare la mia mamma!", disse il piccolo pulcino. "Per favore, puoi aiutarmi a cercarla?"

"Sì, certo che ti aiuto!", disse il maiale. E cominciarono a cercare.

Il grosso grasso maiale tutto rosa e rotondo si mise a camminare insieme al soffice e piccolo pulcino giallo lungo la strada polverosa, fino a quando giunsero in un campo. Nel campo c'era un grande cavallo marrone con la coda marrone e riccioluta.

"Hiiiiiiiiiiii!", disse il grande cavallo marrone con la coda marrone e riccioluta.

"Sei la mia mamma?", chiese il soffice e piccolo pulcino giallo.

"Hiiiiiiiiiiii!", ripeté il grande cavallo marrone con la coda marrone e riccioluta. "No, non sono la tua mamma. Io sono un cavallo!"

"Devo trovare la mia mamma!", disse il piccolo pulcino. "Per favore, puoi aiutarmi a cercarla?"

"Sì, certo che ti aiuto!", disse il cavallo. E cominciarono a cercare.

Così, il grande cavallo marrone con la coda marrone e riccioluta e il grosso grasso maiale tutto rosa e rotondo si misero a camminare insieme al soffice e piccolo pulcino giallo lungo la strada polverosa, fino a quando giunsero ad un laghetto. Vicino al laghetto, c'era una simpatica oca con le piume bianche e le zampe palmate.

"Ga ga ga! Ga ga ga! ", disse la simpatica oca con le piume bianche e le zampe palmate.

"Sei la mia mamma?", chiese il soffice e piccolo pulcino giallo.

"Ga ga ga! Ga ga ga!", ripeté la simpatica oca con le piume bianche e le zampe palmate. "No, non sono la tua mamma. Io sono un'oca!"

"Devo trovare la mia mamma!", disse il piccolo pulcino. "Per favore, puoi aiutarmi a cercarla?"

"Sì, certo che ti aiuto!", disse l'oca. E cominciarono a cercare.

Così, la simpatica oca con le piume bianche e le grandi zampe palmate, il grande cavallo marrone con la coda marrone e riccioluta e il grosso grasso maiale tutto rosa e rotondo si misero a camminare insieme al soffice e piccolo pulcino giallo lungo la strada polverosa, fino a quando giunsero davanti ad un albero altissimo. Sotto l'albero, c'era un asino con le lunghe orecchie a punta e la voce squillante.

"Ioh ioh! Ioh ioh!, disse l'asino con le lunghe orecchie a punta e la voce squillante.

"Sei la mia mamma?", chiese il soffice e piccolo pulcino giallo.

"Ioh ioh!", ripeté l'asino con le lunghe orecchie a punta e la voce squillante. "No, non sono la tua mamma. Io sono un asino!"

"Devo trovare la mia mamma!", disse il piccolo pulcino. "Per favore, puoi aiutarmi a cercarla?"

"Sì, certo che ti aiuto!", disse l'asino. E cominciarono a cercare.

Così, l'asino con le lunghe orecchie a

punta e la voce squillante, la simpatica oca con le piume bianche e le grandi zampe palmate, il grande cavallo marrone con la coda marrone e riccioluta e il grosso grasso maiale tutto rosa e rotondo si misero a camminare insieme al soffice e piccolo pulcino giallo lungo la strada polverosa, fino a quando giunsero ad un granaio.

"Questo granaio mi sembra familiare!", disse il grosso grasso maiale, tutto rosa e rotondo.

"Credo che sia il mio granaio!", continuò sorpreso. "Mi chiedo come siamo tornati qui!"

Tutti gli animali seguirono il grosso grasso maiale tutto rosa e rotondo nel granaio, dove trovarono una gallina che riposava insieme ai suoi pulcini.

"Sei la mia mamma?", chiese il soffice e piccolo pulcino giallo.

"Sì, certo che sono la tua mamma!, esclamò la gallina. "Dove sei stato? Ti ho cercato dappertutto!"

"Mamma!", gridò il soffice e piccolo pulcino giallo, correndo verso di lei. "Sono così contento di averti trovata! Non ti lascerò mai più!"

E da quel giorno in poi, il soffice e piccolo pulcino giallo rimase sempre con la sua mamma, ovviamente fino al giorno in cui crebbe e diventò un bellissimo gallo. Ma questa è tutta un'altra storia!

La capretta impertinente

In cima ad una collina, oltre un ripido sentiero roccioso, c'era un piccolo villaggio. E in quel villaggio viveva una famiglia di capre. Ma non era una famiglia normale. Infatti, questa famiglia era davvero straordinaria. E ciò perché le capre di questa famiglia erano capre di ogni forma e dimensione.

C'erano capre grandi e capre piccole, capre grasse e capre magre, capre con la barba e capre con le corna. Alcune di loro avevano delle lunghe corna appuntite, altre avevano le corna lunghe e ricurve ed altre ancora non avevano corna. Ma vivevano tutte insieme felici in quel piccolo villaggio, oltre il sentiero ripido e roccioso, in cima alla collina.

Ogni giorno, la famiglia di capre si alzava presto e andava alla ricerca di un po' di erba dolce da mangiare. C'era un posto speciale, su un versante della collina, dove scorreva un fiume e l'erba cresceva lunga e verde. Era il luogo dove le capre preferivano mangiare. Ma bisognava percorrere molta strada dal villaggio e c'erano molti sentieri ripidi e rocciosi da scalare.

Fortunatamente, le capre erano tutte molto brave a scalare le rocce. I loro zoccoli erano forti e permettevano loro di mantenere facilmente l'equilibrio negli stretti sentieri rocciosi. Questi erano i sentieri che coprivano il fianco della collina e che conducevano alla dolcissima erba che cresceva lunga e verde sulla riva del fiume.

C'era solo un piccolo problema! Gerry, la capra più piccola di tutte, era una capretta molto impertinente e dispettosa. Era così dispettosa che spesso si allontanava dal resto della sua famiglia per correre lungo un altro sentiero scosceso che attraversava il fianco della collina. Poi, qualcuno sarebbe dovuto andare a cercarla, nel caso in cui si fosse perduta.

"Per piacere, resta con noi oggi, Gerry!", le dicevano ogni giorno le sue sorelle. "Stiamo camminando sul sentiero roccioso e ripido in cima alla collina per raggiungere il nostro posto preferito per mangiare e non vogliamo che tu ti perda."

"OK", rispose Gerry con la sua vocina impertinente. "Starò con voi oggi!"

Ma poi, quando sarebbe stata sicura che nessuno la stesse guardando, Gerry sarebbe scappata nella direzione opposta.

Alla fine, le sue sorelle erano così demoralizzate che decisero di continuare a camminare. Quando Gerry si rese conto che nessuno la stava seguendo, capì che avrebbe dovuto attirare la loro attenzione in un altro modo.

"Aiutatemi! Aiutatemi!", gridò a gran voce, e poi corse a nascondersi dietro un cespuglio in attesa che le sue sorelle venissero a cercarla.

Ovviamente, le sue sorelle si precipitarono da lei. Erano molto preoccupate che Gerry si fosse fatta male. "Gerry, Gerry!", la chiamarono. "Dove sei?"

E Gerry saltò fuori da dietro il cespuglio. Con un sorriso impertinente, gridò: "Eccomi!"

"Oh, Gerry!", risposero le sue sorelle. "Sei così impertinente! Sei così dispettosa! Pensavamo che ti fossi fatta male! Per favore, non farlo più!"

E se ne andarono, lungo il sentiero ripido e roccioso in cerca della dolcissima erba che cresceva sulle sponde del fiume sul versante più ripido della collina.

Il giorno dopo, le capre partirono ancora una volta, di buon'ora, alla ricerca della loro erba preferita. E ancora una volta, Gerry corse via nella direzione opposta.

Questa volta, le sue sorelle decisero di darle una bella lezione, così proseguirono nel loro cammino.

Ancora una volta, Gerry si rese conto che nessuno la stava seguendo. Così si nascose dietro un cespuglio e gridò a gran voce: "Aiutatemi! Aiutatemi! Mi sono fatta male! Vi prego, venite ad aiutarmi!"

E ancora una volta, le sorelle di Gerry si preoccuparono così tanto che tornarono indietro a cercarla, preoccupandosi che si fosse fatta male davvero.

Gerry saltò fuori da dietro il cespuglio, con il suo sorriso impertinente, e urlò: "Eccomi!"

Ma questa volta, le sue sorelle si arrabbiarono molto con lei! Erano stanche dell'impertinenza di Gerry. Erano stanche dei dispetti di Gerry. Ed erano stanche delle bugie di Gerry.

"Se lo farai di nuovo, Gerry, noi non ti crederemo e non torneremo indietro a cercarti!", dissero.

Ma Gerry trotterellava felice dietro di loro, contenta per essere riuscita ancora una volta ad ingannare le sue sorelle.

Dopo aver mangiato la dolcissima erba che cresceva lunga e verde sulla riva del fiume, le caprette si diressero verso casa.

"Per piacere, resta con noi stavolta, Gerry!", le dissero. "Se ci prenderai di nuovo in giro, non ti crederemo più!"

E iniziarono a trotterellare giù per la collina.

Proprio quando il sole stava per tramontare ed erano quasi arrivate al villaggio, Gerry decise di fare il suo ultimo scherzo. Corse via in direzione opposta e si nascose dietro un cespuglio.

"Aiutatemi! Aiutatemi!", gridò a gran voce. "Mi sono fatta male! Ho bisogno del vostro aiuto!"

Le sue sorelle la sentirono chiamare. La sentirono gridare a gran voce. La sentirono chiamare chiaramente. Ma ne avevano abbastanza degli scherzi di Gerry e questa volta volevano davvero darle una lezione una volta per tutte.

E continuarono a camminare.

Gerry aspettava dietro il cespuglio, ma le sue sorelle non arrivavano, così provò a chiamarle un'altra volta. "Aiutatemi! Aiutatemi!", gridò a gran voce. "Mi sono fatta male! Ho bisogno del vostro aiuto!"

Ma, con sorpresa di Gerry, le sue sorelle non arrivavano.

Proprio mentre stava per lasciar perdere e si stava per incamminare da sola verso il villaggio, sentì una strana voce. "Chi sei, mia piccola amica?"

Quando Gerry si voltò per vedere a chi appartenesse quella voce, capì di essere nei guai. La voce apparteneva ad un leone dall'aspetto feroce, con una folta criniera gialla. E il leone fissava Gerry intensamente.

Gerry sapeva che le sue sorelle non sarebbero venute ad aiutarla. Sapeva di essere stata troppo impertinente con loro. Sapeva di essere stata troppo dispettosa e di aver detto troppe bugie. Loro non le credevano e volevano darle una lezione.

Gerry tremava dalla paura. Non sapeva cosa fare!

"Ti prego, non mangiarmi!", disse implorando il leone dall'aspetto feroce.

Ma, con enorme sollievo di Gerry, il leone rispose: "Sei una capretta molto fortunata! Ho appena cenato e non ho fame. Altrimenti, ti avrei mangiata in un solo boccone!"

Il leone si avvicinò e disse a Gerry con voce feroce, "Non dovresti avventurarti da sola in montagna! Sei una capretta molto stupida e impertinente. Dovresti tornare subito a casa, prima che arrivi un altro leone a mangiarti! "

E, senza un attimo di esitazione, Gerry corse giù per il sentiero roccioso verso il villaggio. Appena vide la sua famiglia, si stese accanto a loro sollevata. Stavo per essere mangiata da un ferocissimo leone!", urlò. "E non siete venute ad aiutarmi!"

"Gerry!", risposero le sue sorelle. "Non ti

crediamo. Ci racconti sempre bugie e sei davvero troppo impertinente. Se vuoi che ti crediamo, devi cominciare a dirci la verità!"

Gerry stava ancora tremando dalla paura. Andò a dormire, pensando molto alla sua impertinenza, alla sua dispettosità e alle sue bugie. Aveva imparato la lezione. Decise che, da quel momento, sarebbe stata una brava capretta e avrebbe sempre detto la verità.

E da quel giorno non disse più bugie.

Pit l'ammazzadraghi

C'era una volta un bambino di nome Pit, che aveva un'immaginazione molto vivace. La sua mente era piena di avventure e di azione ed ogni giorno fingeva di essere qualcun altro.

Un giorno, finse di essere un cavaliere; un cavaliere con un armatura brillante al galoppo sul suo cavallo, pronto a salvare il regno dal male. Estrasse la spada dal fodero e galoppò per tutta la casa, uccidendo tutti i draghi che incontrava sul suo cammino. Fino a quando, alla fine, il regno fu salvo e poté ritornare al suo castello.

"Attento, Pit!", gli disse la sua mamma mentre attraversava la cucina correndo e agitando in aria una mazza da cricket. "Per favore, smettila di agitare quella mazza. Si potrebbe rompere qualcosa!"

"Ma devo salvare il regno!", gridò. "Ci sono draghi malvagi ovunque!"

E continuò a correre, attraversando la cucina, il corridoio e la sua cameretta, sbattendo la porta alle sue spalle.

Il giorno dopo, Pit finse di essere un astronauta; un astronauta che sfrecciava nello spazio col suo velocissimo razzo alla scoperta di un nuovo pianeta.
Slacciandosi la cintura di sicurezza, fluttuava nella cabina del suo razzo e guardava stupito le stelle cadenti che vedeva precipitare nello spazio.

"Attenta!", gridava alla sua mamma.

"Devi abbassare la testa o le stelle cadenti ti colpiranno!", disse.

"Pit, non ci sono stelle cadenti in casa nostra!", rispose la mamma. "E' solo la tua immaginazione!" Ma Pit la ignorò e passò fluttuando sognante, con le mani giunte saldamente sopra la testa, mentre il suo razzo immaginario sfrecciava attraverso il soggiorno.

Poi, una settimana dopo, Pit finse di essere il capitano di una nave pirata; un pirata che navigava attraverso i sette mari, alla ricerca di un'isola con un tesoro sepolto. Aveva un occhio bendato e zoppicava sulla sua gamba di legno. Aveva perso una gamba lottando con un coccodrillo durante la sua ultima visita all'isola del tesoro e l'aveva sostituita con una di legno.

"Signorsì!", gridava alla sua mamma. "C'è

un tesoro sepolto qui, ma dobbiamo fare attenzione. Dobbiamo stare attenti ai coccodrilli della palude! " E zoppicava, dirigendosi verso la piscina nel giardino sul retro. "Il tesoro è sepolto proprio vicino a quella palma!", disse, mentre correva per il capanno degli attrezzi per cercare la pala e poter cominciare a scavare.

"Pit!", gridò la sua mamma, con l'aria preoccupata. "Stai di nuovo sognando ad occhi aperti. Per piacere, rimetti la pala nel capannone. Non vorrai mica farti male!"

Ed era così tutti i giorni. Ogni giorno, Pit si svegliava ed immaginava di essere qualcun altro, avventuroso, pieno di azione ed entusiasmante. Proprio come uno dei personaggi del suo libro di fiabe preferito che la mamma gli leggeva ogni sera.

All'inizio, la sua mamma pensava che fosse solo un divertimento innocuo. Pit aveva una vivida immaginazione e gli piaceva giocare così. Ma poi iniziò a preoccuparsi. Si preoccupava che Pit si sarebbe dimenticato di essere un bambino di nome Pit. Non un cavaliere dall'armatura scintillante, che correva attraverso la foresta, uccidendo draghi malvagi per poter salvare il regno. Non un astronauta che sfrecciava attraverso lo spazio nella speranza di scoprire un nuovo pianeta. E certamente non un pirata con una gamba di legno e una benda sull'occhio, alla ricerca di un tesoro nascosto.

Così la mamma di Pit decise che avrebbe messo il libro di racconti di avventura via per un po' e che avrebbe trovato un altro libro da leggere a Pit la sera prima di dormire. Sperava che questa sarebbe stata la soluzione giusta. Sperava che Pit avrebbe ricordato di essere davvero Pit, un bambino che viveva in una bella casetta con la sua mamma, il suo papà e il suo fratellino.

All'inizio, a Pit mancava il libro di storie di avventura, che erano così piene di azione. Ma la sua mamma aveva trovato un meraviglioso libro di fiabe che a Pit piaceva altrettanto. Oltre ad immaginare di essere qualcun altro, il momento preferito della giornata era quando la sua mamma si sedeva sul letto accanto a lui ogni sera per leggergli una storia speciale. E Pit poteva ancora usare la sua fervida immaginazione, anche se decise che forse non sarebbe stato più così avventuroso. Sapeva di essere Pit; quel Pit che viveva in una bella casetta con la sua mamma, il suo papà e il suo fratellino.

E forse la prossima volta, avrebbe avrebbe ucciso solo un drago invece di dieci. Ed avrebbe evitato le stelle cadenti quando andava nello spazio. Sarebbe anche rimasto lontano dalla palude dei coccodrilli e dal tesoro sepolto. E anche se avrebbe ancora immaginato di essere un cavaliere dall'armatura brillante, un astronauta che sfrecciava attraverso lo spazio e un pirata alla ricerca di un tesoro, in fondo sapeva che era solo la sua immaginazione e che lui in realtà era solo Pit.

Fortunatamente, chiudendo gli occhi, poteva ancora sognare dei personaggi del libro di favole che sua madre gli aveva appena letto.

E si chiedeva chi avrebbe immaginato di essere il giorno dopo.

La sorpresa di Sally

Sally era una bambina molto felice. Viveva con la sua mamma e il suo papà in una grande casa in una bella strada. La loro casa era circondata da bellissimi alberi, parchi favolosi e un meraviglioso parco giochi. Ogni giorno, quando Sally si svegliava, lei e la sua mamma preparavano la colazione insieme. Si alzavano presto e cucinavano pancake, waffle, uova o pane tostato. Ogni giorno era un po' diverso, ma ogni giorno Sally, la sua mamma e il suo papà si sedevano a fare tutti insieme una deliziosa colazione.

Poi, dopo aver mangiato tutto e dopo che suo padre era uscito per andare a lavorare, Sally aiutava la sua mamma a lavare i piatti e andavano al meraviglioso parco giochi che si trovava proprio alla fine della strada. Il gioco preferito di Sally era l'altalena, e la sua mamma la spingeva per farla volare in alto nel cielo. Era proprio il suo gioco preferito! Le piaceva anche saltare la corda velocemente.

Quando pioveva e non potevano andare al parco, Sally e la sua mamma restavano in casa a giocare. A volte facevano un puzzle insieme, altre volte dipingevano e disegnavano, altre volte ancora facevano dei giochi da tavolo e qualche volta la mamma di Sally si sedeva vicino a lei semplicemente per leggerle qualcosa. Sally amava giocare con la sua mamma ogni giorno ed era molto felice.

Poi, un giorno, la mamma di Sally le disse di avere una grossa sorpresa per lei.

"Cosa può essere?", si chiese Sally. "È una nuova bambola?", chiese.

"No, non lo è!", le rispose la mamma, sorridendo.

"È un vestito nuovo?", chiese Sally incuriosita.

"No, non lo è!", le rispose la mamma, sorridendo.

"È un giocattolo nuovo o un nuovo gioco?" , chiese Sally, più curiosa che mai.

"No, non lo è!", rispose la mamma ancora una volta. "Vuoi che ti dica cos'è?"

"Sì, per favore!" , gridò Sally. "Ti prego, dimmi di che si tratta!"

"Stai per avere un nuovo fratellino o una nuova sorellina!", esclamò la mamma di Sally con gioia.

"Un nuovo fratellino o una nuova sorellina!" , ripeté Sally. "Ma quando?", chiese speranzosa. "Arriverà oggi?"

"No, tra un po'", sorrise la mamma, "ma abbiamo molto da fare per prepararci", le spiegò.

Sally era più che disposta ad aiutare. Le

piaceva aiutare la sua mamma in casa. Facevano sempre tutto insieme ed era sempre divertente.

"Potrò giocare con il fratellino o la sorellina?", chiese alla mamma.

"No, non subito", le rispose la mamma. "Ma ci saranno un sacco di cose che dovrai fare e non dovrai aspettarw molto tempo perché possiate giocare insieme."

Sally era davvero entusiasta. Le piaceva molto aiutare la mamma e il pensiero di avere un nuovo fratellino o una nuova sorellina con cui giocare la rendeva felicissima. In realtà, avrebbe preferito una sorellina, ma le andava bene anche un fratellino. Dopo tutto, poteva giocare anche con lui.

I mesi passavano e Sally e la sua mamma continuavano a preparare la colazione ogni mattina e ad andare al parco giochi ogni giorno, così Sally poteva andare sull'altalena. E quando pioveva, restavano in casa a giocare insieme.

A Sally piaceva molto coccolare la sua

mamma. La sua pancia era diventata molto grande e a volte, quando Sally si avvicinava ad ascoltare, poteva anche sentire il battito del bambino. Era molto, molto felice. Presto avrebbe avuto un nuovo fratellino o una nuova sorellina con cui giocare.

Un giorno, quando Sally si svegliò, corse nella stanza dei suoi genitori, come faceva ogni mattina, ma non c'erano.

"Dove sono finiti?", si chiese mentre scendeva al piano di sotto a cercarli.

Ma invece dei suoi genitori, in cucina c'era la nonna.

"Ciao Sally!" , esclamò allegra la nonna quando la vide. "Mamma e papà sono in ospedale. Sta per nascere il nuovo fratellino o la nuova sorellina. E più tardi andremo in ospedale a trovarli. Nel frattempo, siediti mentre ti preparo la colazione. "

Sally era davvero entusiasta. Il giorno che aveva tanto atteso era finalmente arrivato. Ma ancora non sapeva se avrebbe avuto un fratellino o una sorellina. E nemmeno la nonna lo sapeva. Non vedeva l'ora di andare in ospedale per scoprirlo.

Il bambino stava dormendo quando Sally e la nonna arrivarono in ospedale. Sally si precipitò nella stanza rumorosamente, piena di entusiasmo e di gioia. Voleva subito prendere in braccio il bambino. Negli ultimi mesi, si era esercitata con le sue bambole a casa e sapeva esattamente cosa fare.

"Ssshhh, Sally!", le sussurrò la mamma mentre Sally si precipitava verso il lettino dove dormiva il bambino. "Non vorrai svegliare il fratellino!"

"Fratellino?" , chiese Sally. "Quindi è un fratellino!" Sally era un po' delusa. Sperava davvero di avere una sorellina. "Posso prenderlo in braccio?", chiese ad alta voce.

"Sssshhh, Sally!", le sussurrò il suo papà, che era seduto lì vicino. "Non vorrai svegliarlo!"

"Potrai prenderlo in braccio domani, Sally", le spiegò la mamma con delicatezza e, tirando Sally verso di lei, le diede un grande abbraccio. Sally si sentì meglio quando andò a letto quella sera, sognò del suo nuovo fratellino e di quanto, molto presto, si sarebbero divertiti a giocare insieme.

Tuttavia, quando la mamma di Sally e il bambino finalmente tornarono a casa, Sally capì che avere un fratellino non era emozionante e divertente come si aspettava.

Per cominciare, piangeva molto. Quando Sally cercava di aiutare sedendosi e tenendolo in braccio con cautela, proprio come si era esercitata a fare con le sue bambole, lui si lamentava, scalciava e piangeva ancora più forte.

La mamma le chiese se le sarebbe piaciuto aiutarla a cambiargli il pannolino, ma puzzava tantissimo e non era affatto divertente

E la cosa peggiore era che la sua mamma sembrava non avere più tempo per lei. Quando il bambino dormiva, la mamma era troppo occupata a riordinare o a fare un sonnellino.

Sally si sentiva triste. Amava il suo fratellino e pensava che fosse molto speciale, ma voleva qualcuno con cui giocare.

Poi, una notte, alcuni giorni dopo, Sally si svegliò sentendo piangere il fratellino. Saltò giù dal letto e corse nella sua stanza. Mamma e papà stavano ancora dormendo. Non l'avevano sentito piangere.

Si sedette vicino alla sua culla e gli prese la mano. Gli sussurrò all'orecchio e decise di cantargli una canzoncina. Con grande sorpresa di Sally, improvvisamente smise di piangere. Lui la guardò con gli occhi spalancati e le sorrise. Anche Sally gli sorrise. Si sentiva così felice. Alla fine, era riuscita ad aiutare mamma e papà con il fratellino. Il fratellino aveva smesso di piangere e, per la prima volta, le stava sorridendo.

Il giorno dopo, Sally raccontò alla mamma ciò che era successo e le chiese se poteva riprovare a prenderlo in braccio. Era tranquillo in braccio a lei e Sally lo teneva con molta attenzione. Sally amava i suoi occhioni scuri e il suo bel sorriso. Poi si rannicchiò accanto alla sua mamma e al fratellino, durante la pappa. Sally gli accarezzava dolcemente la testa e lo guardava estasiata. Si sentiva molto fortunata ad essere la sorella maggiore di un così bel fratellino.

Iniziò anche ad aiutare la mamma a

cambiargli i pannolini. Dopo un po', si abituò all'odore e non le importava tanto, dopo tutto. Si era resa conto che avere un fratellino era davvero molto speciale e che poteva aiutare la mamma e il papà a prendersi cura di lui.

Il suo momento preferito della giornata era quello della pappa. Mentre la mamma dava da mangiare al fratellino, Sally si metteva vicino a lei e si faceva leggere una storia. Ogni giorno, quello era il loro momento speciale.

E durante il fine settimana, quando era in casa, il papà trascorreva molto tempo a giocare con lei. Cominciarono anche a portare il bambino al parco alla fine della strada in passeggino, così Sally poteva giocare sull'altalena, come aveva sempre fatto.

Un pomeriggio, mentre Sally stava giocando sull'altalena, con un grande sorriso sul volto, sapeva che non ci sarebbe voluto ancora molto tempo per giocare con il fratellino. Forse un giorno avrebbe potuto spingerlo sull'altalena.

Sarebbe stato davvero divertente. Volava in alto nel cielo con un enorme sorriso.

Adesso, era una sorella maggiore e aveva molte cose speciali da fare. Si sentiva orgogliosa e felice. Avere un nuovo fratellino era una sorpresa molto speciale, ma essere una sorella maggiore era la sorpresa più speciale di tutte.

Il cane socievole e la gattina coraggiosa

Ugo era un cane molto, molto socievole. Agitava la coda e le orecchie e abbaiava in modo molto amichevole. Era il cane più socievole e gentile che fosse mai esistito.

Ogni volta che andava a fare una passeggiata, andava incontro a tutte le persone per la strada agitando la coda e le orecchie e abbaiando in modo amichevole. "Ciao!" , diceva Ugo, a chiunque volesse ascoltare. "Mi chiamo Ugo. Ti va di accarezzarmi?"

Ad Ugo piaceva molto essere accarezzato.

Amava anche stare con le persone e che la gente gli parlasse. Era il cane più socievole che si potesse immaginare. Ed era anche il più giocherellone!

Uno dei giochi preferiti di Ugo consisteva nell'andare a recuperare una pallina o un bastoncino che qualcuno gli aveva tirato. "Bau!", faceva Ugo, inseguendo la pallina. "E' così divertente!", abbaiava agitando la coda e correndo più veloce che poteva per prenderla.

Oltre a prendere palline e bastoni, Ugo

amava giocare con la sua amica Kitty. Kitty era una gattina rossa davvero adorabile ed era anche la migliore amica di Ugo.

Il loro gioco preferito era rincorrersi. Ugo correva e correva per inseguire Kitty e, quando l'aveva presa, Kitty correva e correva per inseguire Ugo. Giocavano così ogni giorno, senza mai stancarsi. Erano migliori amici e si volevano molto bene.

Un giorno, però, ci fu un forte temporale.

C'erano tuoni e fulmini e il cielo era diventato molto scuro. Ugo stava scavando nel giardino, alla ricerca di un osso che aveva sepolto, quando improvvisamente alzò lo sguardo. I tuoni e i fulmini lo facevano tremare di paura. Era un cane molto socievole, ma aveva anche molta paura dei temporali. Corse tra i cespugli e si nascose. Non sapeva che altro fare!

Quando Ugo fece capolino da dietro il cespuglio dove si era nascosto, vide che stava piovendo a dirotto. E in poco tempo era tutto bagnato, infreddolito e infelice.

Il rumore dei tuoni non si era ancora fermato e si sentiva solo e impaurito. Non osava abbandonare il suo nascondiglio. Aveva davvero paura. Ma stare da solo tra i cespugli durante una brutta tempesta era ancora più spaventoso. Resto lì, senza riuscire a muoversi.

Nel frattempo, la sua amica Kitty stava dormendo profondamente sul suo divano preferito, nella casa in cui vivevano. Era lì che Kitty amava rannicchiarsi, soprattutto nelle brutte giornate di pioggia. Non si era nemmeno accorta dei fulmini. Non si era accorto dei tuoni e della fitta pioggia che c'erano lì fuori.

Ma poi, un tuono particolarmente forte la svegliò all'improvviso.

"Miao!", disse allungando le zampe ed alzandosi lentamente. "Cos'è stato questo rumore?" E si avvicinò alla finestra per scrutare fuori nel buio.

Proprio in quel momento, un fragoroso fulmine illuminò il cielo. Fu così forte che illuminò tutto il cortile. Era quasi come se fosse giorno. Ma, in quel momento, Kitty scorse una sagoma chiara tra i cespugli del cortile.

"Cos'è?", si chiese, e si avvicinò alla finestra sperando di vedere meglio. Quasi come per magia, il cielo si illuminò di nuovo, e questa volta vide chiaramente il suo amico Ugo, tutto tremante, mentre cercava di nascondersi dal temporale.

Kitty capì subito che doveva essere molto spaventato. Ugo era il suo migliore amico e sapeva che ciò di cui aveva più paura erano i temporali, soprattutto se c'erano tuoni e fulmini.

Sapeva che avrebbe dovuto aiutarlo. Solo che non sapeva come fare. La pioggia era fortissima e presto il cortile si sarebbe allagato. E allora Ugo sarebbe davvero stato in pericolo. Doveva fare qualcosa.

Quindi, molto coraggiosamente, attraversò la casa fino alla porta sul retro, pronta ad affrontare il freddo, la pioggia e il buio.

Tutti sanno che i gatti non amano molto l'acqua. E Kitty non faceva eccezione. Ma non aveva scelta. Doveva uscire sotto la pioggia battente per salvare il suo amico. Doveva essere coraggiosa. Il povero Ugo aveva bisogno di lei ed è a questo che servono gli amici.

Kitty fece un respiro profondo e si avventurò nell'erba fredda, bagnata e fangosa del cortile, che presto si sarebbe allagato. E più in fretta che poteva, attraversò correndo il prato fino al cespuglio dove Ugo stava cercando di ripararsi dalla tempesta.

"Ugo!", gridò coraggiosamente. "Sono io, Kitty! Forza! Seguimi e ti porterò in salvo", urlò ad alta voce. "Vieni subito o il cortile si inonderà e nessuno potrà salvarti!"

Appena Ugo vide Kitty, fece un sospiro di sollievo. La sua amica era venuta a salvarlo. Sapeva che si sarebbe sentito al sicuro ora che lei era lì, e lentamente uscì dai cespugli dove si era nascosto.

"Ho tanta paura!", urlò a Kitty sentendo il fragore di un altro tuono.

"Andrà tutto bene, Ugo!" , rispose Kitty. "Seguimi!"

E con grande esitazione, Ugo uscì dai cespugli e seguì Kitty attraverso il prato fradicio di pioggia, che si stava rapidamente allagando, fino a quando finalmente raggiunsero la loro casa.

"Mi hai salvato, Kitty!" , esclamò Ugo. "Sei la gattina più coraggiosa del mondo", disse. "E tu sei ***il mio*** migliore amico!"

"Sei il cane più socievole che esista", rispose Kitty. "E tu sei ***la mia*** migliore amica!"

"Beh, è a questo che servono gli amici", pensò Ugo, accoccolandosi accanto a Kitty davanti al camino durante la notte. E così, il cane socievole e la gattina coraggiosa chiusero gli occhi e caddero in un sonno profondo e tranquillo, entrambi grati di avere un amico così speciale.

Spero che a voi e al vostro bambino sia piaciuto leggere questo libro.

Se avete qualche minuto, vi sarei grata se lasciaste un vostro commento.

Grazie mille!

Katrina

***

Ecco alcuni libri che vi divertirete a leggere con i vostri bambini...

7 Storie per
Lettori Principianti
dai 2 ai 5 anni
Asilo nido e Scuola dell'infanzia
Katrina Kahler
Tradotto da Simona Trapani

Il mio mostro
Parole visuali
LIBRO 1
LIVELLO 1
Persone Animali Colori Dimensioni Luoghi Transporti Azioni
Kaz Campbell Simona Trapani

IL MIO
MOSTRO
4 libri per imparare a leggere
bambini dai 3 ai 5 anni
Kaz Campbell
Simona Trapani

IL MIO DRAGO
HA PAURA!
12 Storie
per risolvere i problemi
KATRINA KAHLER
TRADOTTO DA CRISTIANA MAGGIOLINI

IL MIO AMICO MOSTRO
BORIS ALLA RISCOSSA
LIBRO
1
KAZ CAMPBELL

DIARIO DI UN
RAGAZZINO QUASI FIGO
B CAMPBELL
CARLA MELIS

Printed in Great Britain
by Amazon

80208569R00081